ARRÊTEZ
DE VOUS
FAIRE
OBSTACLE

ARRÊTEZ DE VOUS FAIRE OBSTACLE

un défi de tarot de 31 jours
pour les écrivains et les autres créatifs

Mariëlle S. Smith

À Antoinette

INTRODUCTION

Bienvenue à *Arrêtez de vous faire obstacle* : un défi de tarot de 31 jours pour remettre les auteurs et les autres créatifs sur les rails et leur permettre de se reconnecter avec leur muse!

Arrêtez de vous faire obstacle : un défi de tarot de 31 jours pour les écrivains et les autres créatifs est pour chaque entrepreneur créatif qui est prêt à se (re)connecter avec son intuition pour en apprendre plus sur son processus créatif et les obstacles à la création et trouver ce que son âme l'appelle à créer en ce moment.

Comment ça fonctionne?

Chaque jour comporte son propre tirage. Certains jours, cela consiste en une question qui demande une carte, d'autres jours la question est par couches ou demande plus de cartes. Vous ressentirez parfois le besoin de tirer plus de cartes que ce qui est indiqué dans la question. Lorsque cela se produit, vous devriez toujours suivre votre intuition.

Le défi fonctionne mieux si vous prenez en note vos résultats et votre interprétation et que vous gardez ces notes près de vous au fur et à mesure que vous répondez aux différentes questions. Les jours s'appuient les uns sur les autres et on vous demandera de retourner à certains tirages précédents. Certaines cartes peuvent même revenir plusieurs fois et réfléchir à ces moments passés vous aidera à creuser un peu et à pousser plus loin votre interprétation.

Même si j'ai créé ce défi en ayant mon jeu de tarot préféré en tête, rien ne vous empêche d'utiliser un autre moyen de divination pour répondre aux questions proposées. Choisissez votre oracle préféré ou un jeu de cartes des anges, utilisez vos cristaux ou vos runes. Quel que soit le moyen qui vous convient, utilisez-le. Sentez-vous libre de mélanger les moyens de divination pendant le défi. C'est parfait. Il s'agit de votre défi après tout.

JOUR 1

Quelles sont mes croyances actuelles au sujet de la
créativité?

Tirez une ou plusieurs cartes pour répondre à cette question.
Vous saurez quand vous avez terminé.

JOUR 2

Tirez une carte pour chaque croyance que vous avez
découverte. D'où vient cette croyance?

JOUR 3

Parmi ces croyances, lesquelles ne vous servent pas (plus)?

Pour chaque croyance qui ne vous sert plus, tirez une carte
en demandant : « Pourquoi est-ce que je m'accroche à cette
croyance? »

JOUR 4

Pour chaque croyance qui ne vous sert plus, tirez une carte
en demandant « Qu'est-ce que je gagne à abandonner cette
croyance? »

JOUR 5

Puisque je prends cela à cœur (carte 1), je lâche prise sur
(carte 2) pour pouvoir (carte 3).

JOUR 6

Actuellement, quel est mon plus gros obstacle en ce qui
concerne mon processus créatif?

JOUR 7

Qu'est-ce que je ne vois pas à propos de cet obstacle?

J O U R 8

Qu'est-ce que cet obstacle essaie de m'apprendre?

JOUR 9

Sur quoi est-ce que je dois lâcher prise pour surmonter ou contourner cet obstacle?

Quelle est ma plus grande force en ce qui concerne ma créativité?

Sentez-vous libre de tirer plus de cartes si nécessaire.

JOUR 11

Comment puis-je utiliser cette force (ou ces forces) pour surmonter ou contourner cet obstacle?

Quelle est ma plus grande faiblesse en ce qui concerne ma créativité?

Si vous avez besoin de tirer plus qu'une carte, n'en tirez pas plus que trois.

JOUR 13

Comment cette faiblesse (ou ces faiblesses) me conduit-elle
sans cesse à l'échec?

JOUR 14

Comment puis-je transformer cette faiblesse (ou ces
faiblesses) en force?

JOUR 15

Comment ma force (ou mes forces) pourrait me rendre plus responsable?

JOUR 16

Qu'est-ce que mon âme m'appelle à créer maintenant?

JOUR 17

Qu'est-ce que je dois savoir à propos de ce désir?

JOUR 18

Quelles sont les croyances contraignantes que j'ai à propos de ce projet?

JOUR 19

Qu'est-ce qui m'empêche de me consacrer corps et âme à ce projet?

Tirez autant de cartes nécessaires pour déterminer quels sont vos obstacles.

JOUR 20

Pour chaque obstacle que vous avez découvert, tirez une carte en demandant : « Qu'est-ce que je ne vois pas à propos de cet obstacle? »

JOUR 21

Pour chaque obstacle que vous avez découvert, tirez une carte en demandant : « Qu'est-ce que cet obstacle essaie de m'appendre? »

JOUR 22

Pour chaque obstacle que vous avez découvert, tirez une carte en demandant : « Sur quoi est-ce que je dois lâcher prise pour surmonter/contourner cet obstacle? »

JOUR 23

Ma plus grande faiblesse en ce qui concerne ce projet est
(carte 1) et ceci (carte 2) est comment cela pourrait me
conduire à un échec.

JOUR 24

Comment puis-je transformer cette faiblesse en force?

JOUR 25

Ma plus grande force en ce qui concerne ce projet est (carte 1) et je l'utiliserai comme ceci (carte 2) pour surmonter ou contourner ces obstacles.

JOUR 26

Comment cette force peut-elle me rendre responsable?

JOUR 27

Tirez une ou plusieurs cartes en demandant : « Comment ce projet nourrira-t-il mon âme? »

JOUR 28

Tirez une ou plusieurs cartes en demandant : « Comment le
fait de finir ce projet nourrira-t-il l'âme des autres? »

JOUR 29

Je m'engage dans ce projet parce que (carte 1).
Je serai responsable en (carte 2).

JOUR 30

Quand je me fais obstacle, je vais (carte 1) pour pouvoir (carte 2).

JOUR 31

À partir d'aujourd'hui, c'est ce dont je me souviendrai à propos de ma créativité et de mon processus créatif.

PENSEZ À DONNER
VOTRE AVIS

Les auteurs ne vont nulle part sans l'avis honnête des lecteurs et je vous serais très reconnaissante de laisser un commentaire sur Goodreads, sur ma page Facebook ou au détaillant où vous avez acheté ce livre.

THE CREATIVE CARDSLINGERS

N'EST-CE PAS MIEUX DE TIRER DES CARTES ENSEMBLE?

Rejoignez mon groupe privé Facebook The Creative Cardslingers (mot de passe TIGER'S EYE) pour rencontrer d'autres adeptes du tirage de cartes. Testez en premier mes derniers tirages et découvrez les projets créatifs sur lesquels je travaille. Langue principale utilisée : anglais.

À PROPOS DE MOI

Je suis coach pour les écrivains et autres créatifs, réviseure, écrivaine; mais aussi guérisseuse intuitive et organisatrice de retraite sur mesure. Née aux Pays-Bas et élevée par une mère hollandaise et un père écossais expatrié, j'ai emménagé sur l'île de Chypre en février 2019.

Le fait de se retrouver dans un nouveau lieu projette une lumière différente dans votre vie. Votre esprit s'ouvre sur d'autres perspectives et vous vous retrouvez débordant de nouvelles idées, ou bien d'anciennes idées, que vous ne souhaitiez jamais prendre au sérieux, qui réclament tout à coup votre attention.

Apporter un aspect spirituel dans mon travail était une étape effrayante pour moi parce que j'ai toujours essayé de maintenir ces deux sphères séparées. Je dis « essayer » parce que nombre de mes clients et le travail qu'ils m'ont apporté m'ont forcée à fusionner mon expérience professionnelle avec mon intérêt pour le domaine spirituel. Certains m'ont engagée pour réviser ou traduire leurs livres holistiques, d'autres sont venus me voir pour du coaching et éprouvaient des difficultés qui nécessitaient une approche plus large. Il y a également de nombreux écrivains et créatifs qui incorporent ouvertement la spiritualité au sein de leur art.

Durant cette dernière année, j'ai changé de registre et j'ai progressivement laissé le spirituel entrer dans mon espace de travail. Ce livre est un des nombreux produits de ce changement. Bien entendu, j'espère que vous l'apprécierez et que vous pourrez en extraire tout ce dont vous avez besoin.

J'AIMERAIS REMERCIER

ANDRI de faire cela avec moi

YIOTA pour son aide avec les images

KAT d'avoir donné son accord; elle apparaît dans certaines photos

mes ABONNÉS pour leur soutien, plus particulièrement ceux qui ont participé au premier défi

www.ingramcontent.com/pod-product-compliance
Lightning Source LLC
LaVergne TN
LVHW022056190726
843495LV00014B/1792